COMO DRIBLAR
A RAIVA NO TRABALHO

LUIZ GABRIEL TIAGO

COMO **DRIBLAR** A **RAIVA** NO TRABALHO

Dicas de como dar a volta por cima em momentos de ira

Editora
**IDEIAS&
LETRAS**

DIREÇÃO EDITORIAL:
Marlos Aurélio

CONSELHO EDITORIAL:
Avelino Grassi
Fábio E. R. Silva
Márcio Fabri dos Anjos
Mauro Vilela

COORDENAÇÃO EDITORIAL:
Ana Lúcia de Castro Leite

COPIDESQUE:
Eliana Maria Barreto Ferreira

REVISÃO:
Leila Cristina Dinis Fernandes

DIAGRAMAÇÃO E CAPA:
Tatiana Alleoni Crivellari

Todos os direitos em língua portuguesa, para o Brasil, reservados à Editora Ideias & Letras, 2020.

7ª impressão

EDITORA
IDEIAS &
LETRAS

Rua Barão de Itapetininga, 274
República - São Paulo /SP
Cep: 01042-000 – (11) 3862-4831
Televendas: 0800 777 6004
vendas@ideiaseletras.com.br
www.ideiaseletras.com.br

Dados Internacionais de Catalogação na Publicação (CIP)
(Câmara Brasileira do Livro, SP, Brasil)

Como driblar a raiva no trabalho: dicas de como dar a volta por cima em momentos de ira / Luiz Gabriel Gregorio Pereira Tiago.
Aparecida-SP: Ideias & Letras, 2009.

ISBN 978-85-7698-037-7

1. Agressividade (Psicologia) 2. Emoções – Controle 3. Estresse (Fisiologia) 4. Estresse (Psicologia) 5. Estresse do trabalho 6. Mudança de atitude 7. Raiva I. Títulos.

09-04475   CDD-152.47

Índice para catálogo sistemático:

1. Raiva: Comportamento agressivo no trabalho:
Emoções: Psicologia 152.47

Para "Aquela que me abraça", para meus avós maternos Maria (in memoriam) e Gabriel, minhas filhas Marina Morena e Luzia Maria. Também gostaria de dedicar estas páginas a um grande professor e amigo, o senhor Antonio do Rosário, que é incansável na arte de subtrair a raiva das pessoas e transformá-la em amor.

SUMÁRIO

Prefácio – 9
Apresentação – 11
Introdução – 15

1. Mude suas atitudes: Agora! – 19
2. Deixe para trás as mágoas – 25
3. Mostre-se o mais competente e organizado de todos – 31
4. Demonstre ser inteligente e intelectual em excesso – 37
5. Desafie o mundo e acredite em todos os projetos difíceis – 43
6. Tenha interesse em outros setores da empresa – 49
7. Preocupe-se com sua apresentação pessoal – 55
8. Use a tecnologia a seu favor – 61
9. Tenha flexibilidade sociocultural – 67
10. Participe de projetos socioambientais – 73
11. Viva intensamente! – 77

Conclusão – 81

PREFÁCIO

Prefaciar um livro é algo comum quando se trata de um livro comum. Entretanto, lisonjeada com o pedido do autor, pessoa absolutamente incomum, culto, inteligente e de profundos conhecimentos, li-o com certa expectativa, analisando que só o Luiz Gabriel poderia fazer algo diferente assim.

A raiva é um sentimento usado contra algo ou alguém que se sente ferido e intimidado, sentimentos esses comuns no mundo atual, determinando que as pessoas adotem atitudes precipitadas e até mesmo de risco.

Em capítulos rápidos e curtos, Luiz Gabriel reuniu conceitos que não se aprendem nas universidades, e sim na vivência do dia a dia, conseguindo transmitir o quanto a raiva pode destruir interna e externamente.

As soluções para os prejuízos causados são explanadas com seriedade e competência pelo autor.

Não existe no mercado corporativo um guia tão rápido, fácil, com leve senso de humor e cheio de informações para ajudar as pessoas a ter sucesso em suas vidas pessoais e profissionais; conhecê-lo bem transformará um funcionário relapso em alguém preocupado em bem servir.

Luiz Gabriel contou segredos que ninguém conta!
Luiz Gabriel apresentou conclusões inéditas!

E será que o excelente e perfeccionista autor foi autêntico e natural em seu trabalho em minha empresa ou tudo foi parte de um estudo experimental na confecção de seu primeiro livro?

Leia e tire suas conclusões!

Silvia Calil Petrus

APRESENTAÇÃO

Há muito tempo venho percebendo as alterações no comportamento das pessoas dentro das empresas e quis entender o porquê de tanta mutação e variações de humor durante as horas de trabalho. Às vezes, recebiam-lhe com sorriso e "Bom dia", e, de repente, a benevolência transformava-se numa cara feia, e o que seria um período agradável se transformava no circo dos horrores corporativo. À noite, quando se encontravam, mal lhe cumprimentavam e falavam com você com desdém.

As empresas estão exigindo cada vez mais de seus profissionais, colaboradores, e a pressão aumenta consideravelmente – sempre. Mas isso, até então, não seria motivo para que os seres humanos se distanciassem uns dos outros. A não ser que... pois é, algo de errado acontece dentro das corporações, e, na maioria das vezes, os erros não são dos procedimentos ou das normas exigidas pelas empresas. O problema vem dos seres humanos que ali ficam oito, dez, doze ou mais horas diárias – e não precisam, necessariamente, ocupar cargos de chefia ou liderança.

A falta de diálogo (sincero) e a ambição das pessoas fazem com que a concorrência seja injusta, e essa busca (por não sei o quê), desenfreada por um lugarzinho ao sol. Não tinha de haver estresse, pois só os bons conseguem sobreviver nas corporações.

Bons profissionais sabem que a competência é adquirida com bastante dedicação, estudo e persistência e, além de tudo, muita ética e dignidade. Esses valores são fundamentais para o crescimento íntegro e verdadeiro, dentro e fora do local de trabalho. Os esforçados, de verdade, não precisam se preocupar. O próprio mercado encarrega-se de fazer a seleção e exterminar as ervas daninhas.

Com o tempo, passamos a ver que as pessoas são capazes de qualquer coisa para alcançarem seus objetivos. Fazem e falam o que querem, em qualquer momento ou circunstância. Não se preocupam com os colegas e atacam a todo instante. As palavras e os discursos têm de ser bem dosados para não causar raiva e incômodo no ambiente de trabalho. As palavras podem ferir e comprometer o rendimento dos funcionários, sejam eles líderes ou liderados.

Por isso, por experiência própria e um grande inconformismo diante dessas situações, resolvi escrever sobre este tema e dar dicas de como superar, com dignidade, as intempéries do dia a dia nas corporações. São pequenas dicas de como superar essas dificuldades com rapidez e bom humor, sem deixar de confiar em si próprio e na competência que é adquirida com o tempo.

O jogo nunca estará perdido se tivermos paciência e considerarmos a velocidade absurda que as informações circulam, afinal estamos num mundo globalizado e supostamente civilizado.

INTRODUÇÃO

O benefício mais importante da paciência consiste em sua ação como um antídoto poderoso ao mal da raiva, a maior ameaça a nossa paz interior e, consequentemente, a nossa felicidade. A paciência é o melhor recurso de que dispomos para nos defendermos inteiramente dos efeitos destrutivos da raiva. Nem a educação, por mais talentosa e inteligente que a pessoa seja. A lei, muito menos, pode ser de qualquer ajuda. E a fama é inútil. Só a proteção interior do autocontrole paciente evita que experimentemos o tumulto das emoções e dos pensamentos negativos.

Sua Santidade, o Dalai-Lama

Às vezes, deparamo-nos com situações que nos deixam chateados e aborrecidos com nossos colaboradores e, principalmente, com nossos superiores dentro da empresa. Esses momentos não são raros, e devemos saber revertê-los da melhor maneira para não cometermos os erros de todo o mundo e cairmos em ciladas. Não é fácil escutarmos coisas desagradáveis a nosso respeito e termos de ficar quietos diante da situação. Principalmente, quando sabemos que estamos com a razão e nossos "parceiros" de equipe, errados (como sempre – seja otimista).

Existem várias possibilidades de entrarmos em estado de cólera com nossos colegas de trabalho: quando discordam de nossas ideias e deixam claro que as suas são melhores, ao dizerem que a pessoa que ocupou o cargo, antes de você, fazia tudo diferente (então por que saiu?), quando ameaçam dizer que você é incompetente etc. Todas essas afirmativas fazem com que você se sinta uma fera, capaz de devorar qualquer inimigo dentro da empresa que trabalha e, ainda, por não conseguir controlar seus sentimentos, pode colocar tudo a perder.

Um passo em falso pode ser crucial. A serenidade, nesses momentos, é extremamente útil para desenrolar as situações embaraçosas e humilhantes a que nos submetemos. E o pior de tudo é que queremos livrar-nos desse mal e não sabemos o caminho que deve ser percorrido.

As empresas devem estar em estado de alerta, constantemente, por causa dos efeitos nocivos causados pela raiva de seus funcionários. É comprovado, através de estudos, que as pessoas nesse estado não abandonam as empresas que trabalham, querem livrar-se dos colegas de trabalho e/ou seus chefes que provocam esse sentimento. A raiva no trabalho não deve ser considerada uma fantasia ou um mito. Ela é uma doença e pode alastrar-se por vários setores e departamentos.

Os líderes devem prestar atenção à quantidade de colaboradores que trabalham com raiva. Avaliem seus comportamentos. Fiquem atentos a demonstrações de estresse, angústia e sofrimento. Eles podem estar com raiva de alguém ou de alguma situação constrangedora à qual foram submetidos.

Nesses casos, as dificuldades que as empresas podem passar são grandes, principalmente, no desenrolar das estratégias. O sucesso do trabalho em equipe vai estar comprometido por um sentimento que deve ser banido. Agora, cuidado com as técnicas aplicadas para a extinção desse problema. Não é recriminando e nem promovendo mais situações desagradáveis que será resolvido. É necessário um acompanhamento psicológico e detectar se os erros vêm de cima da pirâmide.

Por isso, se você se encaixa nessa situação e quer se curar, basta seguir algumas dicas de como virar o jogo com inteligência e converter a raiva ou o ódio em soluções, para dar a volta por cima, e dar uma lição na oposição. Além disso, procure abstrair esse sentimento tão inferior para nunca perder sua razão, transformar o trabalho numa fonte de prazer e realização e mostrar que incompetentes são eles, e não você. Aliás, nunca dê motivos para falarem de suas atitudes. Considere-se a pessoa mais importante do mundo corporativo.

1

MUDE SUAS ATITUDES: AGORA!

> A vida é uma peça de teatro que não permite ensaios... Por isso, cante, ria, dance, chore e viva intensamente cada momento de sua vida, antes que a cortina se feche e a peça termine sem aplausos...
>
> *Charles Chaplin*

Não deixe para depois o que pode fazer agora na empresa que trabalha. O tempo urge! Saia do armário e levante a poeira necessária para promover uma transformação em sua vida profissional. É hora de ser notado e não deixar mais se apagar perante as outras pessoas com quem precisa compartilhar boas horas de seu dia. As mudanças são casos emergenciais se você se encontra numa zona de risco. O mal pode estar rondando você e precisa preparar-se para o ataque,

que será com bastante cautela e inteligência para não pôr em risco sua integridade.

Antes de seguir qualquer dica, de como serão essas transformações, conscientize-se de que as mudanças devem acontecer, em primeiro lugar, de dentro para fora. Pense em fazer uma faxina interior e jogar no lixo tudo o que é desnecessário. Seu coração deve estar puro para atingir seus objetivos e metas. Lembre-se de que o caminho para o sucesso é longo e árduo. Ninguém chega lá sem sacrifício e sem estar disposto a mudar.

Deixe a apatia de lado e adote uma posição ativa dentro da empresa que trabalha!

Muitos são submetidos a testes de choque que avaliam a resistência, são ignorados e até humilhados, por não demonstrarem essa capacidade de mudar. O funcionário que se camufla demonstra que não está apto a mudar.

Pense nisso! Siga as dicas abaixo e promova uma revolução em sua vida profissional. Reforce em sua mente que as mudanças devem sempre acontecer para o bem, para uma ascensão profissional e pessoal, e nunca para o desagravo de sua conduta ou integridade.

Se você é do tipo mal-educado, grosseirão, sem humor sempre e considerado por todos como o "chato", deve começar a mudar seu comportamento, com urgência. Se você não suporta ser maltratado sempre, não vai querer fazer o mesmo com seus colegas de trabalho. Então, o que fazer?

Torne-se extremamente dócil e procure ser do tipo "seco-simpático", "quase-bonzinho", "educadinho-legal" com todos. Torne-se sociável e faça alianças pessoais dentro da empresa (sem que ninguém perceba suas intenções). As uniões, quando bem-feitas, podem fortalecer suas intenções e favorecer a execução do plano, afinal é muito melhor lutar em grupo do que sozinho. Sabe aquela pessoa que só é agradável quando solicitada? É isso aí. Quando não for solicitado, fique quieto em seu canto fazendo seu trabalho e sem promover motins.

Evite demonstrar descontentamento e indiferença com os negócios e problemas dos outros, só tome bastante cuidado para não misturar as estações e envolver-se em fofocas (é o que menos precisa. Não existe nada mais desprezível, em qualquer lugar, que a fofoca). Com isso, as pessoas vão notar a diferença em você e enxergá-lo com outros olhos, mas não poderão reclamar, pois você será extremamente bonzinho quando for solicitado. Estará desempenhando seu papel com bastante classe e categoria. Seja uma mistura de Maquiavel com Irmã Dulce. Essa essência é perfeita e irresistível.

Mas essas atitudes não são suficientes para convencer quem você é e dizer que veio para ficar. Deve mostrar segurança nas atitudes e autoconfiança, pois são fatores importantes na hora de uma avaliação profissional. Esteja determinado em seus atos e promova mudanças em toda a equipe. Mesmo que não seja o líder do setor ou grupo, seu papel a partir de agora será de mover céus e terras para o bem-estar dos colaboradores.

Quem sabe não se sobressairá e chamará a atenção de todos? De vez em quando, pergunte a seu chefe como foi seu dia e mostre solidariedade quando vê-lo com os olhos inchados de tanto chorar (não se iluda, pois ele não chorou por sua causa).

Também não deixe que o sentimento de vingança apodere-se de suas entranhas, mesmo que se sinta recompensado com a desgraça alheia. Com certeza, o choro é de desespero e estresse. Se você não resolver mudar seus atos, acabará como ele. Pense nisso!

Demonstre sentir amor pelo mundo. Esse sentimento é nobre e admirado por boa parte da humanidade. E ele (o amor) não existe somente entre marido e mulher, pais e filhos, entre irmãos etc. O amor pode acontecer no ambiente de trabalho, com toda a intensidade, e pode ser valorizado. Esse sentimento (que não deve ser confundido) demonstra todo o respeito e carinho que você direciona para seus colegas.

Perguntar se seu colaborador está bem ou como foi o final de semana não quer dizer que exista um laço de intimidade entre vocês, mesmo porque não tem que se dar ao desfrute ou ficar fazendo exposição de sua figura perante a torcida do Flamengo. Todos desejam sentir-se queridos, e o primeiro passo é dizer as palavrinhas mágicas: bom dia, como vai, por favor e muito obrigado!

É compensador trabalhar numa empresa em que o colaborador sinta-se em sua própria casa (difícil, mas não é impossível). Isso demonstra que o ambiente de trabalho é bastante confortável (não estou falando de cadeiras de luxo e serviçais a seus pés), sadio, e as pessoas têm uma troca de energia favorável. O funcionário sente-se bem e não quer sair da empresa. Assim, sente o local de trabalho como se fosse seu e não admite que ninguém fale mal dele. Literalmente, "veste a camisa e levanta a bandeira".

Agora, isso deveria ser uma regra para todos. É muito feio falar mal de seu ganha-pão. Aqueles que estão insatisfeitos e não querem tentar uma mudança, devem sair antes de fecharem as portas. Nunca sabemos o dia de amanhã!

Faça-se presente em todas as circunstâncias, tomando bastante cuidado para não parecer inconveniente ou intruso. Demonstre que se importa com o sucesso da empresa. Mostre, em atitudes comprometidas, seu carinho e preocupação com os lucros, se os clientes estão satisfeitos e se os funcionários sentem-se motivados.

Deixe que falem de você (e com certeza falarão). O importante é que falem sempre, mesmo que seja mal, assim estarão sempre se lembrando de seu nome, que será citado numa possível promoção ou transferência, para aquela filial das Bahamas, que tanto sonha em dias de estresse.

2

DEIXE PARA TRÁS AS MÁGOAS

> Aprendi através da experiência amarga a suprema lição: controlar minha ira e torná-la como o calor que é convertido em energia. Nossa ira controlada pode ser convertida numa força capaz de mover o mundo.
>
> *Mahatma Gandhi*

Não demonstre seus rancores e decepções às pessoas da empresa onde trabalha. Além de ninguém ter nada a ver com seus problemas, não deixe que ninguém perceba que está com raiva ou chateado e que tem um plano de vingança do bem. Esse plano está baseado em estratégias e diretrizes que o direcionarão para o sucesso.

Lembre-se de que sua raiva deve transformar-se em sucesso profissional no futuro, pois ela é uma conversora e um trampolim para sua ascensão definitiva. O mal nunca poderá vencer (frase feita, mas que é pura verdade)! Além de preservar sua imagem perante as pessoas da empresa, essa maquiagem de sentimentos servirá para desenvolver seu autocontrole e pensar bem, se está com a razão ou se o problema está em você mesmo.

Nem sempre estamos certos e podemos errar. Devemos descartar nossos erros e deixá-los para trás, sem esquecer de remodelar nossas cabeças e fazer a coisa certa, a partir de então.

A raiva é uma doença perigosa que costuma corroer o interior da pessoa e se externar com o tempo, ou seja, ela pode ficar contida por um longo período e "transbordar" de repente. É como se fosse uma carga, que vai crescendo continuamente, ficando cada vez mais pesada, e o sujeito não consegue escondê-la ou mascará-la por muito tempo.

Vários são os fatores que colaboram para o aparecimento/aumento da raiva. O ego ferido, a inveja, os desejos não realizados, as ofensas, enfim... Podemos ter esse sentimento simplesmente pelo fato de não sermos atendidos em um desejo ou quando não podemos falar o que sentimos.

Além de ser um sentimento de protesto, a raiva causa insegurança, timidez ou frustração nas pessoas. Por isso, deve ser combatida e tratada com bastante cautela para que não atrapalhe o desenvolvimento pessoal e profissional do ser humano. As pessoas com raiva não produzem o necessário e acabam contribuindo para o boicote das estratégias da empresa.

As virtudes e os bons sentimentos devem ser nutridos para alimentar sua gana por dias melhores. Uma boa ambição deve fazer parte de nosso cotidiano, devemos almejar coisas boas e promoções. Não se ache hipócrita ou pense que vai precisar derrubar alguém para atingir o topo do sucesso. Não demonstre inferioridade pensando: "Não perdoo fulano por ter me ofendido ou ter me menosprezado" ou "Tá vendo só? Vou fazer da vida de fulano um inferno aqui na empresa". E esses pensamentos não são raros. Fazem parte do cotidiano de qualquer corporação ou gestão.

Muitos acham que podem vencer os outros pelo cansaço e promovendo sessões de tortura oral, através de esculachos e ofensas. Mas sabem que essas atitudes são provas irrefutáveis de desespero e incompetência.

Portanto, a hora de mostrar seu talento vai chegar, basta seguir as estratégias para que isso aconteça e sempre agir com precaução para não perder a razão. Aliás, não perca sua razão nunca. Deve exibir seus dotes com maestria e calando a boca dos outros.

Quando escutamos "abobrinhas" a nosso respeito e nos ofendemos, queremos a qualquer custo responder à altura para não deixar o dito pelo não dito e não calculamos as consequências desse ato. O inimigo detesta o silêncio e a inércia. Ele não quer vê-lo parado ou calado. Está de prontidão, esperando uma réplica para poder dizer que você perdeu a razão. Existe um ditado: "Pecado é o que sai da boca, não o que entra".

Contenha-se e não diga besteiras desnecessárias a qualquer um – suas palavras poderão voltar-se contra você e servirão como uma arma poderosa para seu rival (principalmente, se disser uma asneira e a pessoa for superior a você). Conte até dez, respire profundamente e fique quieto, se não tiver uma resposta à altura. Isso mesmo! Só vai responder se tiver uma resposta digna de um vencedor. Nada de falar bobagens e se perder entre os dentes.

Às vezes, o silêncio pode ser seu aliado para ter tempo de pensar numa revanche oral, de arrasar qualquer um. Lembre-se daquelas aulas de *yoga* que fez e aprendeu a controlar a respiração e a transpor os sentimentos inferiores, do umbral, ou seja, de qualquer lugar ruim que já tenha ouvido falar, por imagens de borboletas voando num jardim, por uma cascata refrescante num dia de calor ou pelo pôr do sol num dia de verão. Relaxe! Não cometa erros no início do processo de reviravolta pessoal e profissional.

Imagine-se sendo recompensado por momentos de estresse, recebendo um prêmio ou uma condecoração (até prêmios militares, nessa hora, seriam bem-vindos), ou sendo elogiado em público por um cliente – afinal, a satisfação do consumidor é o que importa.

Seu sucesso profissional trará isso a você, num prazo curto de tempo que não está longe de acontecer. Você está esforçando-se para isso, pois está exercitando uma das maiores virtudes da humanidade: a paciência com outras criaturas. A paciência é tudo o que precisa para deixar para trás as mágoas. Torne-se aliado dessa virtude. Inspire-se em figuras como Madre Teresa de Calcutá, Ghandi e o Papa.

Nessas horas, vale a pena lembrar de um ditado que nossos avós sempre diziam: "O castigo vem a cavalo!". E vem mesmo. Ninguém que tenha mal caráter sobrevive muito tempo numa corporação. Então, é interessante esperar que o crápula pague por seus pecados sem que você tenha de sujar suas mãos, pois poderá perder anos e anos de sua vida num presídio, condenado por homicídio empresarial.

Um bom estrategista espera a hora certa de atacar a zona de perigo; e isso já se torna uma grande ameaça para quem disse o que queria. Quando o inimigo não vê nenhuma movimentação do outro lado, pode pensar duas coisas: a primeira é que houve desistência e não haverá mais ataque. Essa é a possibilidade mais provável. Por serem covardes, acham que todos também o são.

A segunda é a espera por uma revanche à altura (na verdade, vão pensar que você não terá a capacidade de revidar à altura. Daí o perigo de colocar os pés pelas mãos).

Ao invés de guerra, surpreenda-os com atos de paz e amor. Existe, inclusive, uma tática infalível para desarmar qualquer inimigo: mande flores no dia do aniversário ou em datas comemorativas especiais. Ninguém vai resistir a seus encantos depois disso. Também escreva *e-mails* elogiando a conduta do setor deles ou dando os parabéns pela realização de um projeto. Mostre-se superior e só faça jogada de mestre.

Além disso, todo o mundo sabe que rancores podem causar câncer e outros males, e você não quer dar esse "mole" ao inimigo. Sentimento de pena é o que menos precisa nesse instante.

3

MOSTRE-SE O MAIS COMPETENTE E ORGANIZADO DE TODOS

Acidentes são inesperados e indesejados, mas fazem parte da vida.
No momento em que você se senta num carro de corrida e está
competindo para vencer, o segundo ou o terceiro lugar não satisfazem.
Ou você se compromete com o objetivo da vitória ou não.
Isso quer dizer: ou você corre ou não.

Ayrton Senna, agosto 1991

É lógico que você fará de tudo para não errar. Qualquer erro, nesse momento, pode ser fatal para a execução de seu plano de dar a volta por cima.

Quero dizer que deve fazer tudo com bastante cautela, pois todos os meros mortais podem errar sim. O erro é humano, e saber corrigi-lo da melhor maneira vai depender de sua inteligência. Muitos grandes líderes da humanidade também erraram e souberam aprender com os erros.

Faça de tudo para que seu trabalho seja impecável e digno de elogios (é claro que não receberá elogios, afinal você acaba de ser chamado de "incompetente" por seu chefe e quer esganá-lo por isso). Evite deixar rastros e falhas operacionais, pois você é o empregado perfeito para qualquer corporação.

Também não deixe nenhuma tarefa por fazer. Seja rigoroso com seus prazos e execute tudo na mais rígida pontualidade. Assim, não escutará mais deboches sobre seu serviço.

Existem princípios básicos de pessoas realmente competentes e você seguirá à risca essas recomendações. Os três itens básicos são: pontualidade, assiduidade e comprometimento. Preste atenção nessa nomenclatura e decore todos esses nomes. Se for preciso, anote em sua agenda, faça de fundo de tela no computador, escreva bilhetinhos e pregue na porta da geladeira ou em qualquer lugar que possa facilitar a memorização.

Bater seu ponto na hora e não viver apresentando atestados médicos são obrigações de qualquer funcionário que queira destacar-se. Fique atento a um detalhe:

ter milhares de horas extras não significa que você seja o funcionário mais dedicado. Cuidado para que não pareça que é lento na execução de tarefas e que precisa de tempo extra para isso. Pode demonstrar incapacidade na administração do tempo.

Outra coisa importante, se foi contratado para trabalhar seis ou oito horas por dia, cumpra sua carga de trabalho dividindo bem as tarefas nesse período (os superiores podem acomodar-se e querer que sempre fique depois da hora. Vão achar que você não tem mais nada importante na vida, a não ser a empresa).

O comprometimento é o conjunto de habilidades e competências dedicadas à empresa!

Você será considerado um profissional comprometido quando "vestir a camisa" da corporação e satisfizer todas as necessidades. Se for uma empresa familiar, isso inclui servir de secretário particular dos donos, marcar consultas médicas, atender telefonemas particulares e mentir quando não quiserem atender as ligações, ir ao supermercado, e sempre escutar que a empresa não é sua e quem manda lá são eles.

Mas cuidado para não querer arquitetar um plano de vingança puramente maquiavélico, pois seu profissionalismo falará muito mais alto diante das atrocidades fúteis desses "quase-empresários-que-se--acham-donos-das-pessoas".

Quanto a ser uma pessoa organizada, preste atenção a algumas dicas importantes: mantenha seu material de trabalho sempre em ordem, tudo em seu devido lugar e de fácil localização quando necessário. Não deixe que os papéis e/ou documentos fiquem espalhados pela mesa ou gavetas. Arrume-os em pastas ou armários que facilitem a organização e localização por outras pessoas. Sempre acontece de uma pessoa de outro setor precisar mexer em suas coisas ou arquivos.

Essas são as oportunidades de mostrar que é exímio em sua organização e que não precisa ficar depois da hora limpando a mesa e jogando papéis fora.

Outra forma de demonstrar organização é estar em dia com a leitura e resposta dos *e-mails* e mensagens da intranet. Não deixe as pessoas ficarem esperando por uma resposta sua, principalmente se for um cliente. A não ser que a outra pessoa mereça seu silêncio ou ainda não tenha uma boa resposta para aquela situação específica.

Esse item é tão importante para qualquer tipo de profissional que existem cursos que ensinam exatamente isso. O tempo, cada vez mais escasso, pode transformar-se num problema para aqueles que não sabem conciliar suas atividades com seus compromissos. Por isso, é legal ter uma agenda sempre em mãos e não se confundir na hora de marcar reuniões, idas ao banco, médico, fazer ligações de negócios, ir à escola buscar as crianças etc.

Lembre-se também de que, geralmente, os grandes executivos tomam suas decisões e dão as ordens no período da manhã. O cumprimento desses procedimentos determinará quase 80% da produção de seu dia de trabalho.

Ah! Reserve parte de seu dia para atender as solicitações de seus chefes, principalmente se forem inúteis e de ordem pessoal. Todas as suas vontades devem ser realizadas, senão ficará sentindo-se preterido.

Lembre-se de que esse tipo de gente não está preocupado com os resultados no final do mês ou período. Querem mesmo é dizer ao mundo que mandam e podem tudo dentro de suas empresas. Cobram cruelmente os rendimentos e a produção de seus funcionários-escravos, e pouco se importam com o sucesso do atendimento ou a satisfação dos colaboradores.

Todos podem esperar, até os clientes, menos eles. Não se sinta desestimulado por isso. Faça sua parte e esmere-se na excelência de seus serviços. Alguém sempre estará vendo seu rendimento profissional.

Um dia será notado pela nova administração da empresa, pelo novo chefe ou, quem sabe, pela própria concorrência.

4

DEMONSTRE SER INTELECTUAL E INTELIGENTE EM EXCESSO

Há três espécies de cérebros: uns entendem por si próprios; os outros discernem o que os primeiros entendem; e os terceiros não entendem nem por si próprios nem pelos outros; os primeiros são excelentíssimos; os segundos excelentes; e os terceiros totalmente inúteis.

Maquiavel

Quando nos sentimos diminuídos, procuramos recuperar o tempo perdido, principalmente quando sentimos nossa autoestima abalada ou desestruturada por motivo de alguma ofensa ou provocação.

Quando nossa inteligência ou capacidade de realizar qualquer tipo de tarefa é posta em dúvida, nós nos chocamos e ficamos arrasados com a possibilidade de sermos considerados inúteis na empresa. A primeira coisa que podemos sentir é a raiva. Vamos ofender-nos e querer provar ao inimigo e ao mundo que somos insubstituíveis.

Depois, somos assolados por aquele sentimento de rebaixamento e tristeza que só sabe quem já passou por isso. O mais correto e sensato, nesses casos, é buscar todas as fórmulas de sucesso e não deixar que aconteça novamente.

Algumas dicas vão ser de grande ajuda quando tiver sua sabedoria posta em dúvida. Siga-as corretamente e procure mantê-las para sempre, principalmente porque conhecimento nunca é demais para ninguém.

Recupere o tempo: vá correndo a uma livraria, compre algum livro bem interessante e se atualize nos assuntos que são discutidos na empresa que trabalha. Todo tipo de leitura é interessante e importante para o crescimento cognitivo, mas, nesse momento, detenha-se a ler o que for diretivo para sua profissão. Depois, vá complementando, aos poucos, seu entendimento sobre outras áreas de estudo.

Faça assinatura de jornais, revistas e *sites* (daqueles que mandam boletins diários atualizados com as últimas novidades do *trade*). Se não puder ler todo o jornal, selecione as partes ou colunas mais importantes para você e dê uma olhada em todas as notícias. Pelo menos, vai ter lido algo e não ficará por fora numa reunião formal ou informal.

Evite congestionar sua caixa de *e-mails* com mensagens em massa e desnecessárias. É importante separar alguns minutos de seu dia para acompanhar os principais portais de sua profissão. Selecione as novidades e se aprofunde depois nos temas, através de artigos publicados em revistas, periódicos etc.

Mostre-se um intelectual. Qualquer literatura de sua área de atuação lhe trará informações novas, e você se sentirá superior a seus colegas e chefes. Mesmo porque você duvida que seus superiores tenham a capacidade de ler qualquer tipo de livro, e eles o consideram um ser com raciocínio limitado, afinal, eles acreditam que você é incompetente.

Gostar de ler é um hábito comum em países de primeiro mundo. Leia com prazer e não deixe que a leitura transforme-se em um fardo em seu dia a dia. Se não tem tanto tempo assim, procure nos jornais aquela seção que mostra quais são os livros mais vendidos no momento. Decore alguns nomes (dos livros e dos autores) e pergunte sutilmente se seus rivais já os leram. Aproveite para dizer que acabou de ganhar um *best-seller* e que está doido para lê-lo. Não tenha preguiça de devorá-lo com todas as suas forças. Principalmente, se acabou de ganhar aquele livro famoso de 600 páginas.

Você não tem tempo a perder. Comece agora! E não vale ler uma resenha do livro que está na internet e comentá-la depois. Sua superioridade está aí. Você deve ler realmente.

Outra forma de estar sempre em dia com as novidades é participar de eventos. Além de saber quais são as tendências do mercado para seu ramo de atividades, poderá fazer contatos interessantes, conhecer fornecedores e fechar novos negócios.

Sempre tenha em mãos cartões de visita para entregar às pessoas mais interessantes e não ter de usar aquela desculpa esfarrapada: "Ah... meu cartão acabou de acabar. Vou anotar meu telefone num papelzinho".

Saber falar para uma plateia ou reuniões corporativas também não é tarefa fácil e que possa ser executada por qualquer um. Esta habilidade está tornando-se cada vez mais necessária aos gerentes e executivos de grandes empresas, e exige muito, mas muito estudo mesmo.

A impostação da voz deve ser adequada e os recursos tecnológicos utilizados na apresentação devem estar claros e bem didáticos ao entendimento dos participantes. Ao falar, somos capazes de transmitir e trocar ideias, formar opiniões e convencermos os que escutam a pensar como nós.

Ser o alvo das atenções, por alguns minutos e horas, não é para qualquer um. Falar para uma multidão ou para uma pequena sala não tem diferença alguma quando o orador usa desse artifício para fazer arte, a arte de falar e mover pensamentos.

Um profissional competente está atualizado e estuda o tema da palestra para poder responder a todos os questionamentos que forem feitos. Além disso, tem de estar preparado para fazer apresentações, inclusive, em outros idiomas.

Sua formação educacional também é preponderante nessas situações. Se não cursou uma faculdade e não tem um MBA em seu currículo, sinto muito. Imagine-se sendo trocado por uma pessoa mais qualificada que você por não possuir esses títulos. E, atualmente, essa é uma possibilidade muito grande de acontecer.

Se for seu caso, corra agora contra o tempo e faça sua inscrição em alguma faculdade!

Se não tem tempo ou dinheiro, tente uma bolsa de estudos ou faça um curso tecnológico de formação específica com duração menor. Outra opção é participar de cursos de extensão, promovidos por instituições de ensino com o intuito de hiper capacitar as pessoas naquela área de especialização.

Não é difícil, muito menos impossível. Sua hora chegou.

5

DESAFIE O MUNDO E ACREDITE EM TODOS OS PROJETOS DIFÍCEIS

> Se o dinheiro for sua esperança de independência, você jamais a terá. A única segurança verdadeira consiste numa reserva de sabedoria, de experiência e de competência.
> *Henry Ford*

Você tem de ser aquele colaborador que acredita na funcionalidade e operacionalidade de todos os projetos arrojados para o desenvolvimento da empresa. Você é aquele profissional habilitado a executar qualquer projeto-piloto ou testar qualquer técnica nova de motivação, trabalho em equipe, redução de custos etc.

Sabe aquele programa de incentivo setorial que ninguém se arrisca em aplicar ou aquelas estratégias de vendas que você aprendeu nas leituras que fez? Pois é. Você vai afirmar e ser determinado ao dizer que pode dar certo em seu setor, que seus colegas de equipe merecem tal investimento e a empresa só irá ganhar com isso. Mas irá ganhar mesmo.

Qualquer projeto, quando bem elaborado, tende ao sucesso. Mostre todos os pontos positivos e acentue todas as vantagens. Entregue tudo por escrito num bonito pré-projeto e lembre-se de assinar seu nome. Exagere um pouco nas concretas possibilidades de êxito do projeto e só fale das desvantagens se for perguntado. Não é hora de dizer que, se der errado, as perdas serão grandes.

Você tem de ser bonzinho e arrojado – qualidades importantes para um excelente funcionário padrão (nessa hora, você lembra que foi chamado de "burro" e se empolga – bate a mão, com força, na mesa do diretor ou presidente da corporação, e afirma que deseja o sucesso da empresa e que não existe nenhum concorrente capaz de detê-los). Na verdade, você só pensou em esmurrar a mesa e foi às alturas com esse delírio pós-moderno.

Reforce, mais uma vez, que acredita na invencibilidade deles e na competência da gestão atual. Com isso, vai passar a ser visto com outros olhos, pode ter certeza.

Quando conquistar o projeto e tiver de executá-lo, não se assuste com seu lado empreendedor e pró-ativo. Todos nós temos essas competências escondidas e, às vezes, apagadas por culpa da própria administração ou gestão à qual somos submetidos.

Não tenha medo do trabalho que isso lhe dará. Vai ter de trabalhar em dobro e levar alguma coisa para casa. Não faça horas extras e não hesite em pedir ajuda se precisar. Não se acanhe!

A humildade é uma das maiores virtudes da humanidade, e não se envergonhe de demonstrar que a possui. Não seja do tipo de colaborador que prefere errar ou engavetar o projeto só para não ter de pedir ajuda. Aceitar a colaboração dos colegas de trabalho é admitir que está aberto a novas sugestões, e aproveite para criar possibilidades em cima disso.

Que tal sugerir um *brainstorming* e premiar a melhor ideia? Quem sabe os colaboradores da base possam opinar agora? Chame auxiliares, técnicos, faxineiros, copeiros, porteiros, enfim, dê chances a todos e com certeza não se arrependerá dos resultados. Saiba driblar as dificuldades e o orgulho fazendo tramas inteligentes com os funcionários de níveis hierárquicos menores que o seu.

Outra dica é saber delegar tarefas e descentralizar as atividades pesadas. Os grandes executivos, de importantes empresas em todo o mundo, sabem que não podem agarrar com unhas e dentes todas as tarefas do dia e executá-las sozinhos. Sabem que são obrigados a dividi-las com todos os seus colaboradores e supervisioná-las durante sua execução. Têm plena consciência de que não darão conta e que os resultados precisam ser apresentados de forma satisfatória.

Não se prenda àqueles que dizem que se as tarefas forem realizadas por outras pessoas, você correrá o risco de perder seu espaço na empresa. Não dê crença a esse tipo de gente que acha que ninguém mais pode fazer seu trabalho. "Tome cuidado", "Querem sua cadeira", "Não dê mole, senão o mandam embora". Todos podem pensar que você já não é capaz de fazer tudo sozinho. Não se entregue a essas intrigas da oposição, pois se tratam de pura demagogia corporativa e ideias de profissionais medíocres.

Os grandes líderes preferem profissionais que saibam dividir racionalmente as atividades, que tenham a habilidade de controlá-las e tenham certeza de que tudo irá dar certo.

O poder absoluto não existe na verdade e não pode estar centralizado em um único profissional, somente em empresas que insistam em manter aquele ultrapassado organograma no qual o presidente fica no topo e os empregados na base. Essa estrutura vertical está obsoleta, e uma gestão participativa e por competências é a preferência de todos, inclusive dos clientes.

Observações:

1) A gestão participativa acontece quando todos participam da tomada de decisões da empresa e podem opinar, sem distinção de setor ou atividade desenvolvida. Desde as mais altas camadas até os funcionários de base podem e devem participar nesse tipo de gestão que é, inclusive, uma forma digna de administrar.

2) A gestão por competências acontece quando as habilidades dos colaboradores são avaliadas e fomentadas por verdadeiros líderes. Muitas vezes, essas pessoas estão em setores que não deveriam estar. Antes da demissão, é feita uma análise dessas competências e verifica-se a possibilidade de uma transferência interna. Agora, esse tipo de gestão só pode existir se os administradores ou gerentes tiverem pelo menos uma competência. Empresas, que são geridas por qualquer tipo de pessoa, podem não ter a capacidade de executar esse tipo de gerenciamento.

Pense adiante. Imagine-se erguendo a taça e colhendo os louros da vitória. Idealize a cara de derrota dos falsos profissionais e cruze a linha de chegada em grande estilo (antes, corra para o computador e já insira em seu currículo a idealização, execução e coordenação da ideia. A concorrência vai adorar!).

6

TENHA INTERESSE EM OUTROS SETORES DA EMPRESA

> Se conhecemos o inimigo e a nós mesmos, não precisamos temer o resultado de uma centena de combates. Se nos conhecemos, mas não ao inimigo, para cada vitória sofreremos uma derrota. Se não nos conhecemos nem ao inimigo, sucumbiremos em todas as batalhas.
>
> *Sun Tzu*

Todos sabem como os diretores, gerentes e donos de empresas adoram funcionários que saibam fazer tudo no trabalho. Eles admiram o "funcionário-1001--utilidades", pois esses funcionários podem cobrir as férias de outros e os patrões não precisam contratar ninguém a mais.

Querem economizar ao máximo e não querem saber se a produtividade vai cair ou não nesse período. Para eles, a escravidão ainda não acabou e está longe de ser extinta, e é impressionante como ninguém se incomoda com isso.

Os patrões, realmente, não se incomodam e acham que você tem de dar seu jeito. Não que seja ruim para a pessoa que precisa desdobrar-se, mas os administradores querem ver o "circo pegando fogo" – contanto, é claro, que tenham pessoas para apagar o incêndio depois e que não tenham de pagar pelos prejuízos.

Depois de tanto trabalhar, esgotar-se e ganhar alguns cabelos brancos, não espere um "muito obrigado". Mantenha-se em posição de sentido e faça tudo novamente, se for necessário ou solicitado.

Você precisa ser desse tipo de colaborador, sem se desesperar ou praguejar até a sétima geração de seu chefe, pois tudo isso é estratégia para atingir seus objetivos. E já está vendo que o caminho não é fácil de ser percorrido. Vai encontrar muitos percalços e dificuldades, principalmente alguns obstáculos humanos que insistem em desafiar sua habilidade.

À frente, vai ver que só tem a ganhar com sua extrema colaboração. O primeiro passo é comunicar à diretoria (se houver) que quer passar um tempo em outros setores para maior integração dos profissionais da empresa. Deseja unificar os esforços num mesmo discurso e fomentar o trabalho em equipe.

No momento em que todas as grandes corporações estão unindo-se em redes ou alianças, o ideal é que vocês façam isso internamente. Pode ser o início de uma grande mudança positiva para a empresa, além de uma oxigenação funcional e ocupacional. Enumere todos os benefícios com sua colaboração e proponha que todos façam a mesma coisa, depois de sua experiência, é claro.

Você será o pioneiro e sairá na frente, mais uma vez. Mas não revele sua real intenção, a de querer aprender o serviço para se completar profissionalmente e descobrir todos os segredos e macetes das outras funções. Além disso, ficará sabendo dos "podres" das pessoas a seu redor e constatará todas as suspeitas em relação às fofocas que fazem.

O interessante, nesses casos, é que saibam que você está ciente dos erros e problemas. Você pode acabar tornando-se uma pedra no sapato dos rivais e daqueles que lhe subestimam. Sentir-se-ão amedrontados e dependerão de seu silêncio para não colocar em risco a estabilidade do emprego.

Como é um profissional digno, jamais deixará escapar as atrocidades cometidas pelos outros. Lembre-se dos ensinamentos do capítulo dois desse livro. Não abra sua boca para falar da vida dos outros e evite comentários sobre o comportamento alheio.

Provavelmente, seu superior o chamará para fazer uma avaliação do intercâmbio interno que fez e pedirá um relatório. Essa será a grande hora de mostrar seu valor.

Dê suas ideias e fale (com cautela) sobre os pontos negativos e positivos do outro departamento. Sugira mudanças e peça para voltar depois, pois idealizou projetos para promover esses ajustes. Enfatize essa necessidade e diga que uma intervenção é emergencial e não deve esperar muito tempo.

Evite dizer coisas que degradem a imagem do supervisor ou chefe desse setor. Não faz parte de seu papel mostrar algo que já deveria ser óbvio para a administração. Se não fizeram nada até hoje, infelizmente o problema não é seu, pois já fez sua parte em tentar ajudar.

Esses gestores teriam de usar um par de antolhos ao invés de estarem sentados atrás de uma mesa, delegando ordens absurdas e administrando sua casinha de bonecas. Uma empresa é coisa séria e não deveria ser levada dessa forma, sem se importar com os verdadeiros fundamentos de gestão corporativa.

Todo o mundo sabe a obrigatoriedade de se trabalhar em equipe hoje em dia, afinal, "uma andorinha só não faz verão". Mas, na realidade, o tema é mais importante que se pensa e deve ser tratado com bastante respeito. As atividades que são desenvolvidas em equipe tendem ao sucesso, muito mais que aquelas que são realizadas pelo "eu sozinho".

Trabalhar sozinho, além de egoísmo, demonstra sua incapacidade de se relacionar com as pessoas, de aceitar críticas e sugestões, de dividir o sucesso do projeto e de uma vontade imensa de ser melhor que os outros (mesmo que você seja. Aproveite para ensiná-los a como trabalhar com essas habilidades).

Pense como um líder! Saiba delegar e dividir tarefas e funções. O sucesso da equipe é seu sucesso também. Se seus liderados são criticados, com certeza se sentirá atingido e fará tudo para corrigir os erros. Quando todos são elogiados, seu ego é inflado e estará no topo do mundo. Isso é uma verdadeira equipe.

Agindo dessa forma conquistará outros territórios (ops, setores) e terá "cartas na manga" na hora da verdade, além de ampliar seu leque de opções quando tiver de procurar outro emprego.

7

PREOCUPE-SE COM SUA APRESENTAÇÃO PESSOAL

> Dizes que a beleza não é nada? Imagina um hipopótamo com alma de anjo... Sim, ele poderá convencer os outros de sua angelitude – mas que trabalheira!
>
> *Mário Quintana*

Nem pense na possibilidade de ser o funcionário fora dos padrões esperados pela empresa. Você deve ter uma apresentação pessoal externa e interna condizente com sua posição dentro da empresa e demonstrar carinho com seu *marketing* pessoal.

Os nutrólogos dizem que somos aquilo que comemos, nossos avós diziam que éramos representados por nossas companhias e as empresas dizem que devemos ser aquilo que eles querem ou procuram.

Existe um padrão "predeterminado" através de manuais de normas e procedimentos das grandes corporações que delineiam o aspecto pessoal pertinente àquele cargo. Os recrutadores, durante o processo de seleção, avaliam muito como o candidato comporta-se durante as entrevistas, através de gestos, olhares, movimentos e do que é falado. Mas, se já faz parte da equipe de qualquer local, deve rever seus conceitos e checar se está de acordo com o que eles querem.

É lógico que não tem de mudar sua essência. Não deve mudar sua personalidade ou gênio (tomara que não tenha pensamentos ultrapassados – eles podem atrapalhar a conclusão de seu plano). De início, cheque alguns itens importantes para uma boa aparência. Não precisa ser bonito, repito. Deve ser garboso, atraente, cheiroso e com bons modos.

Algumas dicas para colocar os feiosos (de apresentação) no chinelo:

UNIFORME

Mantenha-o impecavelmente passado, limpo e engomado (quando o caso). Cuidado para não queimá-lo na hora de passar. Alguns tecidos facilitam esse tipo de coisa. O ideal é que sejam enviados à lavanderia, principalmente ternos e tailleurs. Se não usa nenhum tipo de uniforme, a atenção deve ser redobrada. Cuidado para não fazer combinações exóticas demais e com cores absurdas. Os homens que usam gravatas podem fazer boa dosagem com camisas sociais simples e gravatas delicadas. Dependendo da função, podem até usar gravatas de bichinhos.

SAPATOS

Para homens e mulheres, esse acessório é de grande importância na composição de um *look* chiquérrimo e discreto. Vale a dica de usar sapatos razoavelmente caros, pois duram mais, e que não corram o risco de mostrar seus dedos na hora de uma reunião. Imaginem a cara de seu chefe ou rival assistindo a essa cena. Ah! Os homens ainda têm de engraxá-los, é um hábito antigo, mas funciona. O resultado é bem legal. As mulheres podem escolher sapatos bonitos, só devem evitar absurdos, do tipo oncinha e cobras da Amazônia. Não inventem para não existir a possibilidade de alguém dizer que são falsos. Não arrisque sua reputação!

PERFUMES

Use perfume, o mais caro de sua preferência (as pessoas adoram caçoar dos perfumes baratos, comprados em revistas). É muito interessante a sensação de deixarmos o rastro da essência pelos corredores da empresa. Fatalmente, alguém perguntará qual é o perfume e você não deve esquecer-se do nome do estilista que o idealizou. Se, por acaso, o perfume for de catálogos, dessas pessoas que batem a sua porta, invente qualquer um ainda desconhecido no mercado. Para isso, pesquise na internet quais são as novidades do mundo cheiroso.

Nunca, nunca mesmo, deixe aquele cheirinho de suor prevalecer perto de alguém na empresa e tenha bastante precaução para não exagerar na dose. Já imaginou alguém perguntar, em público, qual foi o louco que tomou banho de perfume?

Unhas, cabelos e maquiagem

Lembre-se de manter suas unhas bem-feitas e pintadas com sutileza. As mulheres devem evitar aqueles adesivos sem nexo que são colados na unha. Os homens, nem em pensamento, devem usar aquele esmalte tipo base, que dá um aspecto de gel de cabelo – as unhas chegam a ficar brilhantes. Cabelos cortados e bem penteados. Se forem pintados, evitem que a raiz mostre a diferença. Corram para o salão e retoquem sempre.

Maquiagem suave para as mulheres e com tons de bom gosto. Se possível, faça um cursinho de atualização na área.

Joias

As joias devem ser pequenas e de valor (eu disse JOIAS – mesmo que sejam chapeadas, bata o pé e diga que se trata de uma herança de família – os donos ou diretores da empresa não acreditam que reles empregados possam comprar joias). Se for do tipo que compra bijuterias de catálogos, não deixe que as pessoas percebam seu ato. Dê preferência a pessoas de seu convívio pessoal para efetuar essas compras. Mas, quando puder, presenteie-se com pequenas joias, por menores que sejam. Ajuda a estima pessoal a manter-se elevada e dá sensação de poder.

Bons modos

Faça um curso de etiqueta e protocolo corporativo e preste atenção em suas atitudes para não cometer pecados capitais em público. Essa é uma boa hora para fazer uma listinha com as piores atitudes de seu chefe para não esquecê-las depois. Vale desde a falta de educação em dar bronca na frente dos outros até palitar os dentes no restaurante. Inclusive, você até já pensou na possibilidade de dizer, na hora certa, com muito estilo e elegância: "Aprendi no curso que isso ou aquilo é uma gafe". Nesse momento, você estará por cima e ainda poderá dar um sorrisinho sarcástico.

Agindo assim, não estará perdendo sua razão, simplesmente se mostrará uma pessoa chique e atualizada na sociedade em que vive. Uma boa educação, na verdade, não se aprende em cursos ou palestras. Os antigos (e novos também) sempre dizem que a educação vem de berço, é aprendida com nossos pais, e quem não sabe usá-la, não tem mais tempo de aprender.

É isso aí. Dê um banho de cordialidade nas pessoas e se mostre superior diante das situações.

8

USE A TECNOLOGIA A SEU FAVOR

> Os usuários de computadores terão mais opções para inserir informações, além do *mouse* e do teclado. *Softwares* de voz e escrita manual vão ganhar popularidade. Os computadores vão deixar o formato convencional, com reconhecimento de voz e câmeras com sensor de movimento, permitindo aos usuários controlar telas embutidas em mesas e telas brancas.
>
> *Bill Gates*

Apague de sua memória aquele cursinho de datilografia que fez quando era uma criança, faça isso definitivamente. Péssimos tempos aqueles que tínhamos de datilografar várias vezes a mesma página por causa de erros nas batidas dadas na máquina. Depois, veio a febre das máquinas elétricas e lá ia você para as aulas de novo. Geralmente, os instrutores desses cursos eram mal-humorados e nunca tinham paciência para ajudar quando a máquina emperrava. Comigo era assim. Ela sempre parava e a fita embolava todinha no meio das teclas. Ufa...

Os tempos mudaram, graças a Deus e à santa tecnologia. Hoje, não precisamos mais criar calos nos dedos para usar a pesada máquina de escrever, muito menos perder horas nas filas para enviar uma cartinha – até que sinto falta disso, era legal ficar esperando uma correspondência, principalmente de pessoas queridas.

Esse hábito, apesar de obsoleto, está voltando a ser utilizado e adotado por muita gente. As empresas têm documentos que precisam ser postados, pois terão a garantia de que serão entregues e podem, também, ter um documento assinado comprovando o recebimento.

Mas, voltando ao assunto da tecnologia, hoje é possível aliar nossos conhecimentos ao mundo tecnológico e adotarmos atitudes globalizadas dentro das corporações. Como dizia o velho comunicador: "Quem não se comunica, se trumbica". A comunicação deve ser bem-feita, e sempre tenha certeza de que não houve falha (as pessoas sempre entendem o que bem querem ou lhes é conveniente).

A internet é fonte viva de informações, inclusive sobre a vida dos outros. Mas se você está dedicando-se a uma reviravolta, deve evitar algumas coisinhas super chatas da rede.

Por exemplo, nem pensar em enviar correntes ou megamensagens inúteis para seus rivais. Principalmente aquelas que a pessoa se sente ameaçada, pois se não cumprir as ordens escritas, pode até sofrer um acidente de carro ou perder toda a sua poupança.

Não envie essas chatices para ninguém, muito menos para seus chefes. Eles podem sentir-se ameaçados e acharem que você está desejando o pior. De vez em quando, uma vez por semana, envie mensagens positivas, do tipo que desejam bom dia ou boa semana de trabalho. Cuidado para não ser um arquivo muito grande que, além de travar, demanda tempo e paciência para ler. E o pior é quando a mensagem é daquelas que não se aproveita nada.

Em reuniões, comente como é chato receber esse tipo de mensagem e que, nos tempos atuais, ninguém mais pode dar-se ao luxo de ficar lendo o dia inteiro. Faça o tipo sóbrio e diga que sempre deleta essas porcarias, nem mesmo reparando quem as enviou.

Dessa forma, não irá constranger aqueles que perdem tempo enviando essas inutilidades e não precisará dar nomes aos bois. Mas, com certeza, a carapuça irá servir direitinho para eles.

Outro recurso importante, para profissionais que querem mostrar-se arrojados e modernos, é ter um computador portátil (*laptop*). Não deixe transparecer que precisa levar trabalho para casa, pois pode parecer desorganização pessoal. Simplesmente, você precisa de um aparelhinho desses para escrever suas ideias e projetos em casa, em momentos de tranquilidade e silêncio.

Deixe claro que o mimo é indispensável para pessoas como você, que é arrojada e bastante solicitada. Onde estiver, estará com ele a tiracolo, caso precise de algum arquivo importante. O inimigo irá roer-se de inveja!

Mas evite celulares muito espalhafatosos e com ar de soberba. Nem pense em comprar um que seja cravejado de falsos cristais e que brilham intensamente no início e depois se apagam como uma luz que se queima.

Lembre-se de que você precisa de acessórios básicos para sobreviver no mundo corporativo, e não para perder tempo lendo mensagens instantâneas de como emagrecer ou ganhar na loteria. É muito chato ter de ouvir aquelas musiquinhas de mau gosto que insistem em invadir o ambiente de trabalho. Aliás, total atenção com o uso das redes sociais no ambiente de trabalho. Nenhuma empresa vai tolerar que você use seu tempo para trocar figurinhas com os amigos. Você pode se dar mal.

Em tempo: para não ser muito rígido com algumas coisas, permita-se comprar um aparelho celular que possibilite ter acesso aos mais variados e importantes aplicativos. Todas as ferramentas que os celulares disponibilizam vão ajudá-lo a ficar informado e atualizado sobre todos os assuntos.

9

TENHA FLEXIBILIDADE SOCIOCULTURAL

> Queria saber a história de todas as cousas do campo e da cidade. Convivência dos humildes, sábios, analfabetos, sabedores dos segredos do Mar das Estrelas, dos morros silenciosos. Assombrações. Mistérios. Jamais abandonei o caminho que leva ao encantamento do passado. Pesquisas. Indagações. Confidências que hoje não têm preço.
> Percepção medular da contemporaneidade.
>
> *Câmara Cascudo*

Uma das maiores habilidades e capacidades que uma pessoa pode ter é demonstrar flexibilidade e naturalidade perante situações diferentes das que estamos acostumados a ver. Ser desprovido de qualquer tipo de preconceito (étnico, religioso, de time de futebol, de partido político, de opção sexual) é uma obrigação de qualquer ser civilizado.

Você, como uma pessoa na vanguarda de tudo o que é correto, está disposto a romper todas as barreiras da discriminação e deixar claro, para todos os seus colegas e chefes, quais são suas reais intenções.

Nesse instante, não pode dar sermões moralistas ou dar a entender que eles sejam preconceituosos. Você, intimamente, sabe que são dotados de uma ideia surrealista das diferenças e que sempre discriminarão a todos. Eles se acham os invencíveis, os melhores, e todos os outros seres humanos, fora de seus padrões, serão menosprezados.

Bom, mas quais seriam suas atitudes diante disso? Como você deve agir para mostrar sua flexibilidade sociocultural? Existem vários procedimentos simples e importantes para mostrar que você está aberto ao mundo e que não se prende a atitudes falsas e interesseiras.

Primeiro passo: participe de uma comunidade ou grupo das redes sociais que se intitule: "Diga não ao preconceito". Compre camisas com estampas alusivas a esse tema e acompanhe a programação de grupos étnicos, ONGs, religiosos e gays que lutam contra a discriminação. Você não precisa ir a passeatas ou levantar faixas de solidariedade, literalmente. Estar "antenado" com as datas e os principais eventos será o necessário para discutir e comentar com os colaboradores mais próximos e alguns superiores.

Torne-se uma espécie de multiplicador dos bons sentimentos. Espalhe a ideia que todos devem ser livres de preconceitos e que têm de defender os mais discriminados e oprimidos.

As empresas gostam de funcionários com disposição para esse tipo de movimento, que são engajados pela paz mundial e contra a matança de baleias no Ártico. Imaginam que se podem lutar do lado de fora, poderão muito bem lutar pela empresa e defender seus ideais. Mal sabem eles que você quer mesmo é lutar por sua promoção e pela revanche das ofensas que sofreu. Mas nunca é tarde para começar a se preocupar com os outros e demonstrar solidariedade.

O segundo passo é ser tolerante em relação a outras culturas e religiões. Independentemente de qual seja sua opção religiosa, você é do tipo de pessoa que se interessa por aprender novos mandamentos divinos e está aberta a escutar discursos de outros membros de seitas ou grupos, mesmo que sejam superchatos e queiram convertê-lo a qualquer custo.

Lembre-se de que será recompensado. Você está no final do plano e não pode parar agora. Se for preciso, visite outros templos religiosos, vá a festas beneficentes e diga sempre que adorou as festividades, e que pretende voltar.

Cuidado para não criar vínculos indesejáveis e não ferir seus dogmas apreendidos durante uma vida. Você não precisa torturar-se por isso. Apesar de que ser uma pessoa aberta a novos conhecimentos e esclarecida pode colocá-lo a milhares de quilômetros à frente de qualquer um.

O terceiro degrau a subir na escada do não preconceito é ter amigos homossexuais e aprender muitas coisas legais com eles. São pessoas ótimas, com uma capacidade absurda de superar as dificuldades da vida e demonstrar lealdade aos amigos. Faça questão de elucidar essas amizades e deixar claro que tem muito a aprender com eles, já que são discriminados constantemente e são mestres em dar a volta por cima. Imagine a cara de seus colegas ao ouvirem isso de você.

Sempre tem um que é totalmente contra essas opções de vida, e é não simpatizante oculto, pois não tem coragem de assumir tal postura perante a sociedade.

O quarto e último passo é comprar qualquer livro do magnífico Câmara Cascudo – grande teórico e escritor da cultura e seus processos de aculturação – e passear pelos corredores da empresa, com ele debaixo do braço. Leia-o nos momentos de folga, almoço ou descanso do trabalho. Seja calculista e marque bem os horários que as pessoas mais sem cultura e ignorantes estejam no refeitório ou área de lazer, para exibir sua enciclopédia do saber.

Tenha certeza de que vão ficar impressionados com sua capacidade de se relacionar bem com o mundo e com todas as diferenças. Lembre-se mais uma vez de que eles não são capazes disso.

10

PARTICIPE DE PROJETOS SOCIOAMBIENTAIS

A definição mais aceita para desenvolvimento sustentável é o desenvolvimento capaz de suprir as necessidades da geração atual, sem comprometer a capacidade de atender as necessidades das futuras gerações. É o desenvolvimento que não esgota os recursos para o futuro.

Essa definição surgiu na Comissão Mundial sobre Meio Ambiente e Desenvolvimento, criada pelas Nações Unidas, para discutir e propor meios de harmonizar dois objetivos: o desenvolvimento econômico e a conservação ambiental.

Como é lindo poder salvar a natureza e contribuir para a perpetuação das espécies. Se você nunca deu valor a esses projetos de ONGs, governos, empresas privadas, está na hora de engajar-se em, pelo menos, um deles. Escolha um de fácil desempenho, para que você não precise ir até a África para alimentar crianças desnutridas ou famílias desamparadas pelas guerras civis.

Não é difícil se filiar a qualquer tipo de programa ambiental ou de responsabilidade social. Qual empresa, hoje, não desenvolve qualquer coisa parecida?

Provavelmente, vai pensar o seguinte: "A empresa onde trabalho, é lógico. Imagine se aquela gente hipócrita vai preocupar-se com a Floresta Amazônica ou com os desabrigados da última chuva...". Esse é o peculiar pensamento de pessoas que também não se preocupam com a sociedade em que vivem.

Não é necessário que sua empresa tenha projetos prontos para salvar o mundo.

Desenvolva, a partir de agora, alternativas para contribuir com o mundo e arrume tempo em sua agenda para, pelo menos, plantar uma árvore.

Educação ambiental começa em nossos lares. Todos os dias que jogamos o lixo fora (corretamente), estamos contribuindo para uma comunidade limpa e livre de pestes, como ratos, baratas e outros bichos que transmitem doenças. Tomar banho todos os dias e economizar a água que é utilizada também é uma grande contribuição para as reservas freáticas da Terra.

Existem milhares de outras possibilidades de contribuir para o desenvolvimento sustentável de nosso mundo. Leve essas ideias para a empresa que trabalha e investigue todas as possibilidades de implantação. Se já existir algum projeto em execução, engaje-se e faça sua parte.

Lembre-se de que profissionais que dedicam parte de seu tempo a essas atividades costumam sair à frente dos outros concorrentes. São bem vistos pelas empresas, pois se preocupam com o bem-estar de seus semelhantes e da natureza. Só tome bastante cuidado com suas reais intenções. A proposta dessa dica é que você se habilite, conscientemente, a esse tipo de dedicação e que sua participação seja espontânea. Nenhum ser humano precisa de caridade sem amor.

Caso não tenha vocação para isso, nem comece. Apenas reflita se seus conceitos sobre o bem estão de acordo com sua dignidade pessoal e profissional.

11

VIVA INTENSAMENTE!

> Viva a vida com toda a sua força e não desperdice suas energias à toa. O mundo deve ser encarado de forma bonita e com alegria. Simplesmente. Viva intensamente todos os amores e amigos.
>
> *Sandra Medaske*

Relaxe. Desarme-se. Viva sua vida e aproveite todas as horas de folga.

Não desperdice nenhum segundo pensando na empresa, muito menos em seus agressores. Pense que no momento em que você está se divertindo, eles estarão afundados em mágoas, rancores e bolando planos de como destruir as outras pessoas.

Coloque uma música de sua preferência, bem alta, em sua sala e dance; mesmo que seja sozinho. Ninguém estará vendo! Só sua autoestima que estará aflorada e permitirá que você conquiste novos territórios. Conquiste terras, até então desabitadas, dentro de você. Permita que a felicidade invada seus poros e transpire satisfação pessoal.

Arrume-se e vá ver o mar. Converse com as águas e sinta o poder de transformação de repente. Da mesma forma que você foi dormir desolado na última noite, pode acordar com os sentidos recuperados e o fôlego em perfeito estado para curtir a vida. Banhe-se na água salgada e deixe o iodo recuperar sua vitalidade. Mergulhe em seu subconsciente e lembre-se de bons momentos (só dos bons, deixe pra trás as más recordações).

Ria sozinho, brinque na areia e tome um picolé. Se tiver filhos, aproveite para se jogar na areia com eles e fazer castelinhos que se desmancham com a primeira onda. Lembre-se de levar o filtro solar, para não pensarem que é imprudente.

Depois, vá ao restaurante mais legal que tiver perto de sua casa e lhe proporcione um excelente almoço ou jantar. Tome um vinho importado e delicie-se com as sobremesas.

Faça-se feliz e permita que o mundo sorria para você!

Faça o que sempre tem vontade de fazer e nunca encontra tempo. O tempo é nosso aliado e não nosso inimigo. Ele nos dá várias horas por dia para trabalhar, dormir, fazer as refeições, namorar, dirigir, ir ao médico, ao salão de beleza, enfim... Por que não selecionamos sempre as melhores atividades para relaxarmos e sermos alegres?

Está na hora de assistir àquele filme que já saiu de cartaz há milênios e já está disponível por aí, sem procura alguma. Reveja filmes antigos que tragam boas sensações do passado ou da época que era mais jovem. É bom que dá para ver como os artistas de Hollywood também envelhecem. Faça uma sessão pipoca com sua família ou com amigos mais próximos e relaxe. Relaxe de verdade.

Se tiver alguns dias de folga ou pelo menos um final de semana, abasteça seu carro e pé na estrada. Vá para lugares interessantes. Procure uma cachoeira ou uma cidade histórica para curtir o que nossos antepassados viveram. Faça turismo e dê um ânimo a sua vida. Viajar faz bem para a saúde mental e proporciona momentos inesquecíveis. Só tome cuidado para o carro não dar problemas e ter de voltar rebocado para casa.

Preste atenção numa coisa: é terminantemente proibido fazer coisas chatas e que não chamem sua atenção. Não perca seu tempo com atividades que não combinam com seu momento *zen* e que podem só atrapalhar seus planos.

Divirta-se tirando fotos, procurando o melhor ângulo, de belas paisagens, de situações descontraídas suas e de sua família. A alegria e o sorriso fazem bem até na hora de registrar em fotos. Depois, separe as melhores e as que mais demonstrem sua felicidade e leve para a empresa. Mostre aos colegas e ao mundo que você sabe ser feliz.

CONCLUSÃO

É lógico que a intenção dessas dicas não é colaborar para a destruição da empresa que trabalha, muito menos causar inimizades e situações constrangedoras. Você é partidário do bem e vai levantar a bandeira branca da paz, em todos os momentos. Quem destrói, não é civilizado. Você é uma pessoa de sangue azul, educação refinada e inteligência invejável. Seu caráter não permitirá que pense em destruição.

Em tempos modernos, a moda é construir, ajudar, plantar uma árvore, ser solidário, honesto e trabalhador.

Tudo bem que um profissional de verdade sempre passa por situações difíceis e precisa, de vez em quando, "engolir sapos" e se fingir de morto para não tornar tudo pior. O silêncio pode ajudar em certas circunstâncias. Ninguém é obrigado a ter sangue frio ou ficar calado o tempo todo, mas deve lembrar-se de que o mundo está em constante rotação e a caça pode virar o caçador um dia.

O mundo corporativo está cada vez mais exigente e a concorrência pode exilar qualquer possibilidade de um futuro brilhante. Não menospreze nunca seus colegas ou outras pessoas pensando que serão incapazes de fazer o que você faz. Na realidade, ninguém é insubstituível.

Podemos não achar pessoas com os mesmos traços de personalidade ou humor, mas certamente aparecerão outras para desempenhar sua função com igual ou superior maestria. Portanto, considere-se o melhor, mas mantenha-se bastante lúcido e consciente disso.

Quando se deparar com pessoas despreparadas e grosseiras, o importante é buscar a serenidade e lembrar-se de que não pode deixar a bola murchar. Não se entregue nunca e não deixe sua autoestima cair. Faça uma injeção de ânimo para seguir em frente. Não se abata perante a negatividade de certos tipos de gente e permita-se ser divino.

Realizar as tarefas do dia a dia é sua obrigação e não deixe o trabalho acumular ou ficar mal acabado.

Sabemos que não é uma tarefa muito fácil ouvir ideias e opiniões contrárias ao que pensamos, além de termos certeza de que as nossas são as corretas. Mas se não conseguimos realmente aceitar críticas ou ordens, devemos trabalhar nosso subconsciente para isso. Uma pessoa altamente eficaz sente-se honrada ao escutar sugestões e está aberta a novos rumos para seu projeto. Seja flexível e aceite com bom grado as ideias a respeito de seu trabalho. Pedir desculpas quando falhou também é importante e demonstra que tem um bom caráter.

Mostre que é um profissional humilde e que pode pensar em novas possibilidades. Saber receber ordens é uma grande virtude, principalmente se souber aceitar a ajuda daqueles que criticaram no bom sentido. Mais um lembrete: errar é humano, e aceitar o erro, atitude de líder.

Todo o mundo tem algum colega de trabalho que nunca faz o serviço dos outros, nem se interessa por outras funções dentro da empresa. Ser um profissional pró-ativo pode dar um pouco de trabalho, principalmente na hora de detectar a necessidade de uma intervenção profissional. Não caia na armadilha daqueles que só fazem o básico, e procure atender todas as solicitações. Não espere ninguém gritar socorro, esteja de prontidão. Assim, a empresa onde trabalha sempre se lembrará de você como um colaborador competente e feliz por fazer parte da equipe.

A eficácia está em conseguir conduzir qualquer projeto ou oportunidade arrojada dentro de uma corporação. Um hábito condizente com essa realidade é sempre dizer "sim" às propostas, principalmente de ideias novas que possam modificar a estrutura da empresa ou do setor que desempenha alguma atividade.

Ser otimista é uma das qualidades emocionais mais admiradas e que podem fazer a diferença na hora de uma escolha de contratação ou promoção. Estar sempre aberto aos desafios pode fazer do profissional aquela figura inovadora e criativa, que todos os empresários sonham em ter.

Demonstrar superioridade e ética é fundamental para driblar as adversidades, e depende de cada um de nós, profissionais qualificados, buscar a motivação, o estímulo para desempenhar as tarefas, saber administrar o tempo e estar sempre atualizado.

Não é fácil estar empenhado constantemente em aprender, ser eficiente, conquistar novos horizontes e, ao mesmo tempo, conciliar trabalho com a vida pessoal, com os problemas familiares, as decepções etc.

Esteja atento a tudo isso e considere a raiva, o rancor, o desprezo, como sentimentos inferiores e negativos que podem causar um desinvestimento em sua carreira e futuro profissional. Pense também quanto perderá em função disso: saúde, dinheiro, estabilidade físico-emocional e reputação no mercado. Invista em si próprio, não dando créditos para o que os outros querem.

Saiba separar o joio do trigo e escolher, para seu caminho, a vitória e realização pessoal!

Não se deixe abater pelas ofensas e provocações. Já está provado que você é capaz e superior a tudo, e, depois de seguir todas as dicas e estratégias acima, vai acalmar sua raiva, respirar fundo, dar a volta por cima e... oferecer seus serviços à maior concorrente que existir no mercado. Boa sorte e nunca se arrependa daquilo que fez!

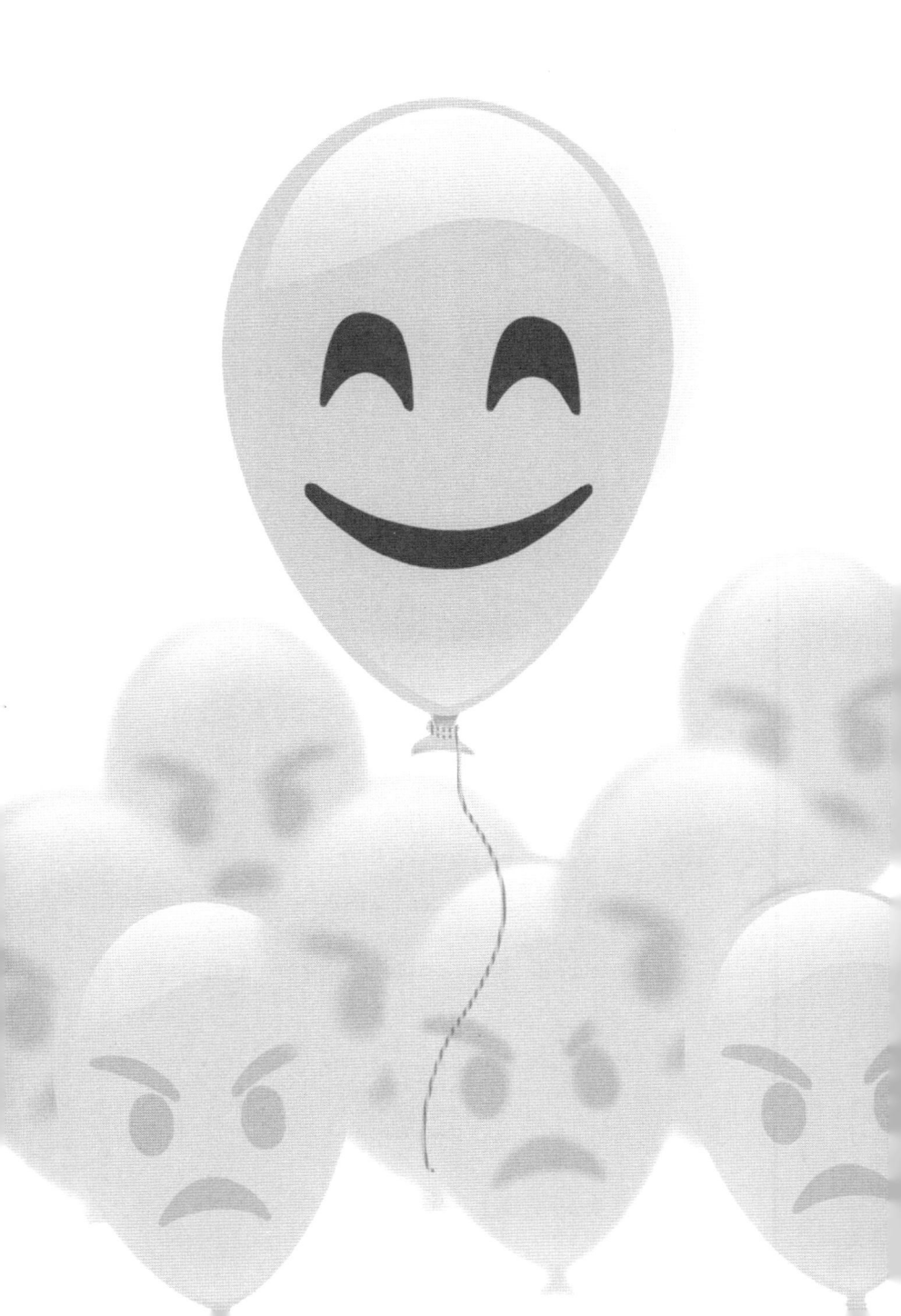

A marca FSC® é a garantia de que a madeira utilizada na fabricação do papel deste livro provém de florestas que foram gerenciadas de maneira ambientalmente correta, socialmente justa e economicamente viável.

Esta obra foi composta em CTcP
Capa: Supremo 250g – Miolo: Pólen Soft 80g
Impressão e acabamento
Gráfica e Editora Santuário